CATALOGUE

D'UNE BELLE COLLECTION

D'ÉMAUX CLOISONNÉS

DE LA CHINE

Brûle-Parfums,
Groupes d'Animaux et Personnages; Vases, Cornets, Flambeaux, Jardinières, etc.;
Jades blancs incrustés de pierres précieuses;
Cristaux de roche;
BELLES PORCELAINES ANCIENNES
Vases en céladon bleu turquoise, et autres décorés en émaux de la famille verte;
Vases et Assiettes en porcelaine mince de la Chine;
Grand Plat, etc.; Objets variés.

DONT LA VENTE AURA LIEU

HOTEL DROUOT, SALLE N° 5

Le Samedi 15 Décembre 1866

A UNE HEURE ET DEMIE.

Par le ministère de M⸰ **Charles PILLET**, Commissaire-Priseur,
rue de Choiseul, 11.

Assisté de M. **Charles MANNHEIM**, Expert, rue de la Paix, 10.

Chez lesquels se trouve le présent Catalogue.

EXPOSITION PUBLIQUE

Le Vendredi 14 Décembre 1866, de une heure à cinq heures.

CONDITIONS DE LA VENTE

Elle sera faite au comptant.

Les adjudicataires payeront *cinq pour cent* en sus des enchères.

L'exposition mettant le public à même de se rendre compte de l'état des objets, il ne sera admis aucune réclamation une fois l'adjudication prononcée.

Paris. — Imprimerie de Pillet fils aîné, rue des Grands-Augustins, 5

Vente du Samedi 15 Décembre 1866

BELLE COLLECTION

D'ÉMAUX CLOISONNÉS

ET DE

PORCELAINES DE LA CHINE

Durlacher

Exposition publique le Vendredi 14 Décembre

Mᵉ CHARLES PILLET,
COMMISSAIRE-PRISEUR

M. CHARLES MANNHEIM,
EXPERT

1866

EXEMPLAIRE DE H. STETTINER

DÉSIGNATION DES OBJETS

Émaux cloisonnés

1 — Deux beaux brûle-parfums ou jardinières à couvercles, de forme ronde et à compartiments lobés décorés de rosaces en couleurs sur fonds variés, rouge, jaune, vert, violet et bleu turquoise rehaussés de bâtons rompus réservés en cuivre doré. Leurs pieds sont formés de têtes d'éléphants en bronze rehaussées de parties émaillées à gouttelettes, et leurs couvercles bombés sont surmontés de chimères en bronze doré. — Haut., 55 cent.; diam., 42 cent.

2 — Deux groupes très-curieux en émail cloisonné. Ils se composent chacun d'une figure de femme à califourchon sur un animal chimérique debout. Les vêtements des personnages sont couverts d'ornements émaillés en couleurs sur fond vert, et les chimères sont émaillées en bleu, rouge et jaune sur fond rose.

Socles en bois sculpté; l'un d'eux enrichi d'appliques en émail cloisonné. — Haut., 67 cent.; larg., 55 cent.

3/— Deux autres groupes en émail cloisonné. Chacun d'eux
se compose d'un oiseau de proie émaillé jaune, monté sur
un animal debout émaillé noir et blanc, dont le col est
garni de grelots. Pièces curieuses. — Haut., 64 cent. ;
larg., 60 cent.

4 — Deux très-belles chimères assises, ayant chacune une
patte posée sur une sphère en bronze doré découpée à jour.
Ces deux pièces sont couvertes d'un riche décor en émaux
variés de couleurs, et elles sont rehaussées de parties réservées en bronze doré. Pièces rares. Socles en bois
sculpté. — Haut., 40 cent. ; larg., 43 cent.

5 — Deux très-jolies gourdes, décorées de médaillons, d'oiseaux et d'animaux se détachant en couleurs sur fond
jaune. Ces deux pièces sont de plus entièrement couvertes
de fleurs et de rinceaux de très-beau style émaillés en
couleurs variées sur *fond noir*. Socles hexagones en laque
rouge de Pékin. — Haut., 36 cent.

6 — Vase en forme de balustre hexagone, en émail cloisonné,
décoré de vases de fleurs et d'ornements se détachant en
couleurs sur fond blanc. Il est rare de rencontrer des pièces de cette nuance. — Haut., 35 cent.

7 — Vase modèle balustre, en émail cloisonné, à figures,
fleurs et ornements en couleurs sur *fond noir*. Pièce curieuse. — Haut., 31 cent.

8/— Grand et beau cornet de forme hexagone à panse renflée, décoré de fleurs, de dragons et d'ornements émaillés

en couleurs sur fonds bleu turquoise et vert clair alternés. La partie renflée est montée entre deux frises d'ornements en bronze doré. — Haut., 50 cent.

9 — Deux beaux cornets à panses renflées, en émail cloisonné, à fleurs, caractères et ornements en couleurs sur fond bleu turquoise et sur fond vert d'eau. Socles en bois sculpté. — Haut., 41 cent.

10 — Deux jolis vases modèle gourde, à couvercles, en émail cloisonné, à attributs et rinceaux en couleurs sur fond bleu foncé. Ils présentent sur chacune de leurs faces deux médaillons ronds en émail avec entourages en bronze ciselé et doré. Leurs anses sont formées de rubans en bronze doré et leurs socles sont émaillés à gouttelettes. — Haut. totale, 30 cent.

11 — Très-joli cylindre à brûler les parfums, en jade blanc finement sculpté, à figures et paysages et repercé à jour. Ce cylindre est placé sous une pagode en émail cloisonné, fond bleu turquoise, avec socle à galerie en bronze doré et pavillon découpé à jour, supporté par des colonnettes en bronze doré auxquelles s'enroulent des dragons chimériques. — Haut., 53 cent.

12 — Brûle-parfums de forme carrée, reposant sur quatre pieds cylindriques, en émail cloisonné à ornements en couleurs sur fond bleu turquoise. Ses angles sont garnis d'arêtes saillantes, et son couvercle est enrichi de parties en bronze doré et découpé à jour. Socle en bois sculpté enrichi d'une plaque ovale en jade. — Haut., 28 cent.

13 — Deux grands et beaux flambeaux carrés, à larges plateaux, en émail cloisonné à ornements et fleurs en couleurs sur fond bleu turquoise. Socles en bois sculpté. — Haut., 31 cent.

14 — Deux cornets de forme carrée et à panse renflée, en émail cloisonné, de décor analogue aux flambeaux qui précèdent. Socles en bois sculpté. — Haut., 27 cent.

15 — Beau vase en forme de balustre carré, décoré de losanges renfermant des rosaces émaillées de couleurs très-brillantes sur fond bleu turquoise. Ses anses, à têtes chimériques saillantes, sont garnies d'anneaux mouvants en bronze doré. Socle de forme carrée en émail cloisonné. — Haut., 41 cent.

16 — Autre vase, à couvercle, en forme de balustre ovale, en émail cloisonné, décoré d'ornements et d'yeux en couleurs sur fond violacé et fond bleu turquoise alternés. Cette pièce est enrichie d'arêtes saillantes découpées et de frises en bronze doré. — Haut., 33 cent.

17 — Jolie jardinière de forme ronde, décorée d'ornements émaillés en couleurs sur fond rouge et rehaussée de bandeaux saillants en bronze doré. Socle en bronze doré rehaussé de parties émaillées à gouttelettes bleu turquoise et bleu foncé. — Haut., 21 cent.; diam., 19 cent.

18 — Coupe de forme ronde et basse, émaillée intérieurement et extérieurement de fleurs en couleurs sur fond blanc.

Anses en forme d'S en bronze doré. Qualité rare. Socle en
bois sculpté. — Haut., 11 cent. ; diam., 25 cent.

19 — Belle coupe ronde à bords évasés, en émail cloisonné, à
larges fleurs, poissons et ornements en couleurs sur fond
bleu turquoise. Belle qualité. — Haut., 14 cent.; diam.,
29 cent.

20 — Deux petits vases sur socles carrés, à panse sphérique
et long goulot, en émail cloisonné à fleurs et ornements
sur fond bleu turquoise. Les goulots sont enrichis de cer-
cles paralèlles et placés horizontalement en bronze doré.
— Haut., 19 cent.

21 — Boîte de forme carré-long et plate, à couvercle à recou-
vrement en émail cloisonné, à quadrilles réservés en bleu
sur fond blanc. Le pourtour de la boîte est décoré de
fleurs en couleurs sur fond bleu turquoise. — Long., 17
cent.; larg., 10 cent.

22 — Boîte analogue à celle qui précède. Son couvercle
présente un quadrillé rouge sur fond blanc, à rosaces réservées en cuivre doré. — Long., 17 cent.; larg.,
95 millim.

23 — Deux boîtes de forme carrée à angles coupés et à trois
compartiments, en émail cloisonné à fleurs et ornements sur fond vert foncé. — Haut., 75 millim.; larg.,
95 millim.

24 — Socle de forme hexagone, décoré de fleurs et d'orne-

ments en émaux de couleurs sur fond bleu turquoise. — Diam. intérieur, 125 millim.

Matières précieuses

25 — Jade blanc laiteux. — Très-beau manche de poignard enrichi d'incrustations en or et pierreries telles que rubis, émeraudes, etc., et représentant des fleurs et des arabesques. Travail indien. — Larg., 135 millim.

26 — Jade blanc verdâtre. — Miroir ovale dont la monture en jade est enrichie d'incrustations en or et pierreries. Le revers offre un large médaillon renfermant un bouquet de fleurs incrustées en or et rehaussées de parties émaillées en couleurs. Travail indien. — Haut., 17 cent.; larg., 10 cent.

27 — Cristal de roche. — Écritoire de forme sphérique flanquée de trois chimères debout reliées entre elles par des branchages ; le tout pris dans la masse et découpé à jour. Belle matière. Socle en ivoire sculpté teint en rouge. — Haut., 9 cent.; larg., 13 cent.

28 — Cristal de roche. — Écritoire en forme de courge garnie de ses fruits et branchages. Matière très-pure. Socle en bois sculpté. — Larg., 12 cent.

29 — Cristal de roche. — Écritoire de forme sphérique flanquée d'une large fleur formant vase et de branchages ; le tout pris dans la masse et découpé à jour. Socle en ivoire sculpté teint en vert. — Haut., 15 cent. ; larg., 18 cent.

30 — Cristal de roche. — Petit vase en forme de balustre, monté sur un oiseau reposant sur des ornements découpés à jour ; le tout pris dans la masse. Socle en ivoire sculpté teint en vert. — Haut., 14 cent.; larg., 10 cent.

31 — Cristal de roche. — Vase en forme de balustre octogone aplati, garni de deux anses, poissons fantastiques, et reposant sur un socle à quatre pieds de même matière. Son couvercle est surmonté d'une chimère. — Haut., 22 cent.

32 — Cristal de roche. — Vase de forme analogue ; ses angles sont taillés à canaux creux et ses anses à dragons sont finement découpées à jour. — Haut., 165 millim.

33 — Cristal de roche. — Petit vase en forme de fruit entouré de branchages et parfaitement évidé. — Haut., 12 cent.

34 — Cristal de roche. — Écritoire en forme de chimère couchée; son couvercle est aussi surmonté d'une chimère. — Larg., 11 cent.

35 — Cristal de roche. — Écritoire en forme de fruit avec branchages pris dans la masse et découpés à jour. — Larg., 12 cent.

36 — Cristal de roche. — Écritoire analogue à celle qui précède, mais plus petite. — Larg., 9 cent.

37 — Jade verdâtre. — Sceptre ou bâton de commandement en bois finement sculpté à figures dans des paysages, et enrichi de trois plaques en jade sculpté à fleurs et poissons et découpées à jour. — Long., 44 cent.

Porcelaines

38 — Beau vase modèle cachepot à couvercle, en ancienne porcelaine de Chine, décoré de médaillons de personnages et de fleurs en émaux de la famille verte. Monture du temps de Louis XIV, à anses à mascarons découpées à jour, en bronze doré. — Haut., 35 cent. ; diam., 26 cent.

39 — Deux petits vases de forme ovoïde, en porcelaine mince de la Chine, décorés de figures dans des paysages finement émaillés en couleurs. — Haut., 25 cent.

40 — Joli vase de forme cylindrique, en ancienne porcelaine de Chine, décoré de zones fond rouge avec dragons et ornements émaillés vert, et entre-deux décorés de fleurs et rinceaux en couleurs sur fond émaillé vert. Base et gorge en bronze doré. — Haut., 32 cent.

41 — Vase de même forme, décoré de vases de fleurs et d'attributs en relief émaillés en couleurs sur fond blanc. Qualité rare. — Haut., 27 cent.

42 — Joli vase modèle balustre, en céladon bleu turquoise, à fleurs et ornements gaufrés en relief. — Haut., 36 cent.

43 — Petit vase modèle balustre, en ancienne porcelaine de Chine, décoré de médaillons de personnages et de papillons émaillés en couleurs sur fond rouge brique rehaussé de fleurs et d'ornements dorés. — Haut., 24 cent.

44 — Vase en forme de bouteille à panse surbaissée et à long goulot droit, en ancienne porcelaine de Chine, décoré de palmettes, de fleurs et d'ornements en rouge et or. — Haut., 45 cent.

45 — Deux petits vases en forme de balustre à côtes et à anses découpées à jour, en ancien céladon bleu d'empois clair. Leurs gorges ont été garnies d'ornements en vermeil. — Haut., 24 cent.

46 — Très-joli petit vase de forme droite, en ancienne porcelaine de Chine, décoré de deux médaillons de personnages très-finement émaillés en couleurs et fond rouge brique rehaussé de fleurs en or. — Haut., 22 cent.

47 — Grand vase en forme de balustre carré, en ancienne porcelaine de Chine, décoré sur chacune de ses faces de figures et d'animaux dans des paysages émaillés en couleurs. — Haut., 44 cent.

48 — Deux cornets à panse renflée, en ancienne porcelaine de Chine, décorés de figures dans des paysages et de fleurs en émaux de la famille verte. — Haut., 44 cent.

49 — Deux grandes théières de forme droite, en porcelaine

de Chine, décorées de rosaces émaillées en couleurs sur fond rouge. Leurs goulots et leurs manches sont émaillés bleu clair. — Haut., 22 cent.

50 — Théière en forme de grenade, décorée de médaillons de paysages avec figures sur fond rouge. Son anse surélevée et son goulot sont décorés à l'imitation de branchages. — Haut., 21 cent.

51 — Vase modèle balustre, en porcelaine de Chine, décoré de rosaces émaillées en couleurs. Ses anses sont formées de grues sacrées dont les corps et les ailes gaufrées en relief forment la panse du vase et sont décorés en couleurs. — Haut., 30 cent.

52 — Petit vase modèle balustre, en ancienne porcelaine de Chine, décoré de fleurs, d'oiseaux et d'ornements en émaux de la famille verte. — Haut., 19 cent.

53 — Porte-allumettes applique, en forme de demi-vase, en porcelaine de Chine, décoré de médaillons de fleurs et d'oiseaux en couleurs sur fond décoré à l'imitation du marbre. — Haut., 20 cent.

54 — Très-petit vase en forme de bouteille à goulot droit, décoré d'un dragon émaillé vert sur fond rouge. — Haut., 11 cent.

55 — Très-grand et beau plat, en ancienne porcelaine de Chine, décoré en couleurs et rehaussé d'or. Il représente

au fond un carrousel de femmes en présence de divers
personnages placés à la fenêtre d'un palais. Son bord est
décoré de médaillons de personnages avec entre-deux de
fleurs. — Diam., 55 cent.

56 — Assiette creuse en ancienne porcelaine mince de la
Chine, présentant un sujet familier finement émaillé en
couleurs, et dont le bord est décoré de rosaces sur fond
rose avec cartouches de fleurs. Elle est émaillée carmin au
revers. Belle qualité.

57 — Autre assiette creuse, en ancienne porcelaine mince de
Chine. Elle est décorée au centre d'un vase de fleurs finement émaillé en couleurs, et son bord présente des médaillons de fleurs avec entre-deux à rosaces sur fond rose.
Revers émaillé carmin.

58 — Deux compotiers en ancienne porcelaine mince de la
Chine, émaillés carmin avec réserves de cartouches renfermant des branches de fleurs émaillées en couleurs.

59 — Tasse et sa soucoupe de qualité analogue aux compotiers qui précèdent. Les réserves sont décorées de
paysages et figurent des rouleaux peints.

60 — Deux plateaux ronds, en ancienne porcelaine de Chine,
décorés au fond de fleurs et de grues sacrées émaillées en
couleurs. Leurs bords découpés à jour sont décorés intérieurement et extérieurement en jaune marbré. —
Diam., 27 cent.

61 — Deux petits bols en porcelaine de Chine, décorés de médaillons ronds renfermant des arbustes émaillés en couleurs sur fond rose finement gravé à la pointe et rehaussé d'ornements émaillés en couleurs. Ils sont décorés à l'intérieur d'arbustes en camaïeu bleu. — Diam., 15 cent.

62 — Deux bols analogues à ceux qui précèdent, fond bleu d'empois. — Diam., 15 cent.

63 — Petit bol de même qualité, fond jaune gravé à la pointe. Ses quatre médaillons présentent des paysages, dont deux sont décorés en grisaille, et les deux autres en couleurs. — Diam., 15 cent.

64 — Bol en porcelaine de Chine, émaillé jaune uni rehaussé de branches de fruits en couleurs et avec médaillons de fleurs. — Diam., 15 cent.

65 — Bol rond en porcelaine de Chine, émaillé intérieurement et extérieurement en jaune impérial. — Diam., 14 cent.

66 — Deux bols ronds en porcelaine de Chine, décorés de fleurs et d'ornements émaillés en couleurs sur fond jaune et médaillons de fleurs à l'intérieur. — Diam., 17 cent.

67 — Bol rond, fond jaune gravé et branches de fleurs émaillées en couleurs. — Diam., 20 cent.

68 — Bol en porcelaine de Chine, fond rouge rehaussé d'or et médaillons de paysages émaillés en couleurs. — Diam., 20 cent.

69 — Deux bols décorés de médaillons de fleurs avec entre-deux d'ornements, le tout émaillé en couleurs. — Diam., 225 millim.

70 — Cinq jolies tasses présentoirs à couvercle, en porcelaine de Chine, fond rose gravé à la pointe, rehaussé d'ornements émaillés en couleurs, et enrichies de médaillons représentant des figures de femmes dans des paysages finement émaillés en couleurs. Elles seront vendues séparément.

71 — Petit brûle-parfums à panse sphérique reposant sur trois pieds bas et à deux anses surélevées, en porcelaine de Chine, décoré de fleurs et d'ornements émaillés en couleurs sur fond bleu d'eau. — Diam., 13 cent.

72 — Petit vase en forme de bouteille à panse sphérique, décoré de fleurs et d'ornements émaillés en couleurs sur fond bleu d'eau et à anses à dragons chimériques émaillés rouge et or. — Haut., 18 cent.

73 — Théière en porcelaine de Chine, fond bleu d'empois rehaussé de papillons décorés en or et couleurs, et à fleurs de pêcher en relief se rattachant au goulot et à l'anse, décorés à l'imitation de branchages.

74 — Très-joli plat rond décoré en émaux de la famille verte, à sujets tirés de la mythologie chinoise; certaines figures sont représentées avec des têtes d'animaux divers. Pièce curieuse. — Diam., 35 cent.

Objets variés

75 — Charmant petit cabinet en ivoire à deux vantaux et trois tiroirs à l'intérieur, enrichi d'incrustations en nacre de perle et autres matières, représentant des volatiles et des insectes finement sculptés en relief. Chacun des tiroirs est pris dans un seúl morceau d'ivoire évidé, et le socle est orné de paysages finement sculptés dans le bloc. Ouvrage japonais. — Haut., 95 millim.; larg., 90 millim.

76 — Très-jolie trousse de médecin en laque d'or du Japon, à quatre compartiments, offrant sur une de ses faces une figure de vieillard dont les chairs sont exécutées en ivoire sculpté en relief, et sur l'autre, une figure d'enfant nu assis, en ivoire sculpté et teint en rouge. Ses boutons d'attache sont enrichis de fines incrustations d'ivoire teint et de nacre représentant des oiseaux et des fleurs.

77 — Petit vase modèle balustre, à deux anses, en bronze enrichi d'incrustations d'argent et de parties dorées. — Haut., 15 cent.

78 — Petite bouteille en bronze du Tonkin, entièrement couverte de fleurs, d'oiseaux et d'ornements très-finement gravés au trait et dorés. — Haut., 22 cent.